大方廣佛華嚴經 寫經

63

🪷 일러두기

1. 『사경본 한글역 대방광불화엄경』은 『독송본 한문·한글역 대방광불화엄경』에 수록된 한글역을 사경하는 데 편의를 도모하기 위해 편집을 달리하여 간행한 것이다.

2. 『독송본 한문·한글역 대방광불화엄경』은 실차난타가 한역(695~699)한 80권 『대방광불화엄경』의 한문 원문과 한글역을 함께 수록한 것이다. 한문 저본은 고종 2년(1865) 월정사에서 인경한 고려대장경 『대방광불화엄경』이다.

3. 한글 번역은 동국역경원에서 발간한 한글 『대방광불화엄경』(운허)을 중심으로 하고 『신화엄경합론』(탄허)과 『대방광불화엄경 강설』(여천무비) 그리고 최근의 여타 번역본 등을 참조하였다.

4. 한글 번역은 독송과 사경을 위하여 정확성과 아울러 가독성을 고려하였다. 극존칭은 부처님과 불경계에 대해서만 사용하였다.

5. 사경본의 차례는 일러두기 → 한글역 본문 → 화엄경 목차 → 간행사이며 80권 『대방광불화엄경』의 권별 목차 순으로 독송본과 함께 간행한다. (법공양판에는 간행사 다음에 간행불사 동참자를 밝혀 두었다.)

사경본 한글역

대방광불화엄경 제63권

39. 입법계품 [4]

수미해주

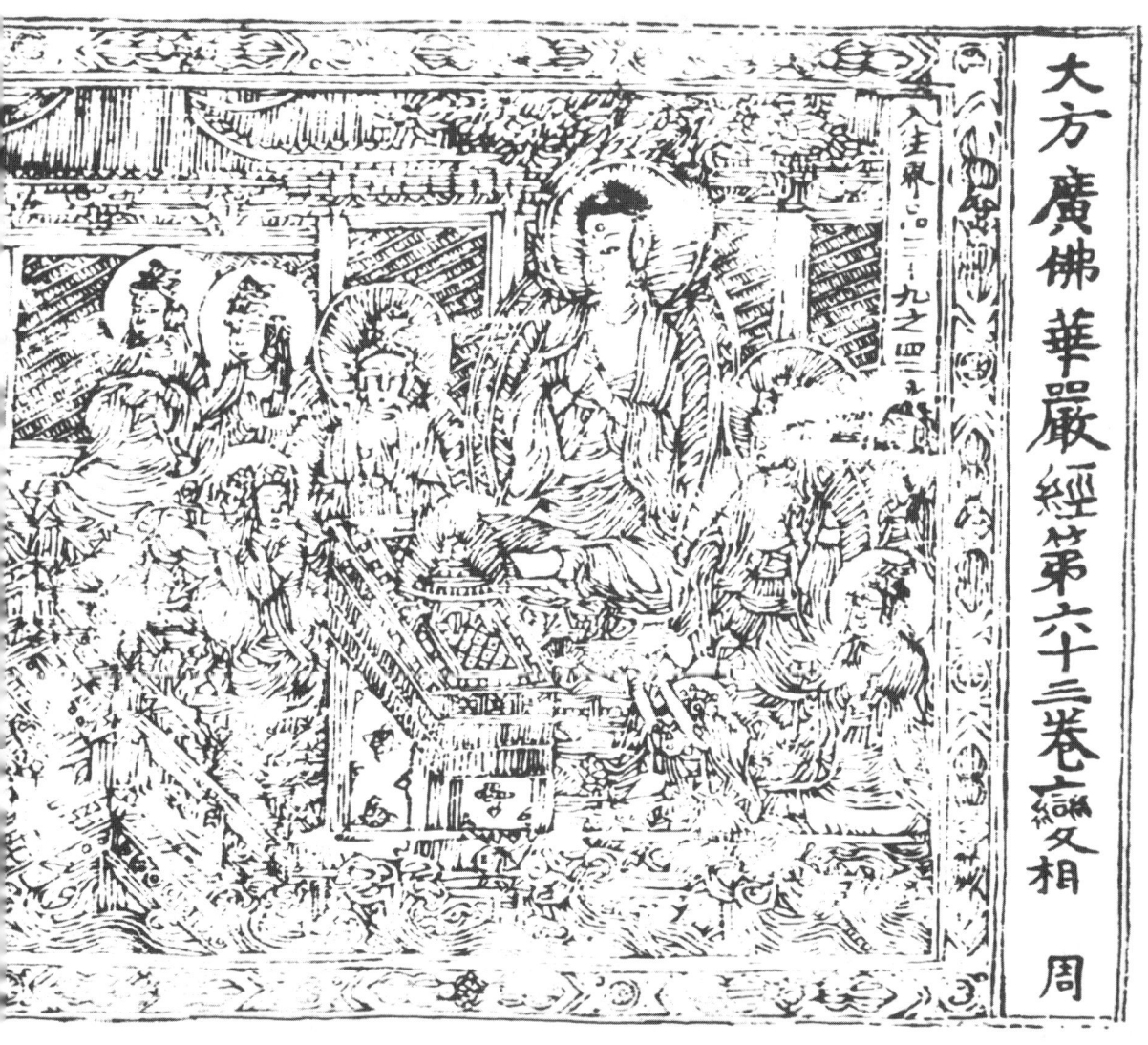

대방광불화엄경 제63권 변상도

대방광불화엄경
제63권

39. 입법계품 [4]

_____ 은(는)『대방광불화엄경』을
사경하는 인연공덕으로
『화엄경』이 널리 유통되고
우리 모두 다함께 보리 이루기를 발원하옵니다.

대방광불화엄경
제63권

39. 입법계품 [4]

그때에 선재 동자가 일심으로 법광명 법문을 바르게 생각하며, 깊은 믿음으로 들어가서 부처님만 오로지 생각하며, 삼보를 끊어지지 않게 하며, 욕망을 여읜 성품을 찬탄하고 선지식을 생각하였다.

삼세를 널리 비추어 모든 큰 서원을 기억하며, 중생들을 널리 구제하되 함이 있는 데 집착하지 않으며, 구경까지 모든 법의 자성을 사유하며, 일체 세계를 모두 능히 깨끗이 장엄하며, 일체 부처님의 대중모임 도량에 마음이 집착하는 바가 없었다.

점차 남쪽으로 가서 자재성에 이르러 미가를 찾았다. 이에 살펴보니, 그 사람이 시장 가운데 법을 설하는 사자좌에 앉아서 십천 사람들에게 함께 둘러싸였는데, '륜(輪)'자 장엄 법문을 설하고 있었다.

그때에 선재 동자가 그의 발에 정례하고 한량없이 돌며 앞에서 합장하고 이렇게 말하였다.

"성자시여, 저는 이미 먼저 아뇩다라삼먁삼보리심을 내었습니다. 그러나 저는 알지 못하겠습니다. 보살이 어떻게 보살의 행을 배우며, 어떻게 보살의 도를 닦습니까?

어떻게 모든 존재의 갈래에 유전하되 항상 보리심을 잊지 아니하며, 어떻게 평등한 뜻을 얻어 견고하여 흔들리지 않으며, 어떻게 청정한 마음을 얻어 파괴할 수 없으며, 어떻게 대비의 힘을 내어 항상 고달프지 않으며, 어떻게 다라니에 들어가서 널리 청정함을 얻습니까?

어떻게 지혜의 광대한 광명을 내어 일체 법에 모든 어두움의 장애를 여의며, 어떻게 걸림 없는 이해와 변재의 힘을 갖추어 일체 매우 깊은 이치의 창고를 분명히 알며, 어떻게 바른 생각의 힘을 얻어 일체 차별한 법륜을 기억하여 지니며, 어떻게 갈래를 깨끗하게 하는 힘을 얻어 일체 갈래에서 모든 법을 널리 연설하며, 어떻게 지혜의 힘을 얻어 일체 법에 그 이치를 모두 능히 결정하고 분별합니까?"

그때에 미가가 선재에게 말하였다.
"선남자여, 그대는 이미 아뇩다라삼먁삼보리심을 내었습니까?"
선재가 답하였다.
"예, 저는 이미 아뇩다라삼먁삼보

리심을 내었습니다."

미가가 갑자기 곧 사자좌에서 내려와 선재가 있는 데서 오체를 땅에 던지었다. 금꽃 은꽃과 값을 매길 수 없는 보배구슬과 그리고 가장 미묘한 가루 전단향과 한량없는 종류의 옷을 흩어서 그 위에 덮으며, 다시 한량없는 갖가지 향과 꽃과 갖가지 공양거리를 흩어서 공양올리고, 그런 후에 일어서서 칭찬하여 말하였다.

"훌륭하고 훌륭합니다! 선남자여, 이에 능히 아뇩다라삼먁삼보리심을 내었습니다.

선남자여, 만약 능히 아뇩다라삼
먁삼보리심을 내면 곧 일체 부처님
의 종자를 끊지 않음이 되며, 곧 일
체 부처님의 세계를 깨끗이 장엄함
이 되며, 곧 일체 중생을 성숙하게
함이 되며, 곧 일체 법의 성품을 밝
게 통달함이 되며, 일체 업의 종자를
깨달아 앎이 됩니다.

곧 일체 모든 행을 원만하게 함이
되며, 곧 일체 큰 서원을 끊지 않음
이 되며, 곧 탐욕을 여읜 종자 성품

을 사실대로 이해하며, 곧 능히 삼세의 차별을 분명히 보며, 곧 믿음과 지혜가 길이 견고함을 얻게 합니다.

곧 일체 여래의 지니시는 바가 되며, 곧 일체 모든 부처님의 생각하심이 되며, 곧 일체 보살과 평등하며, 곧 일체 성현의 찬탄하고 기뻐함이 되며, 곧 일체 범왕의 예배하고 친근함이 됩니다.

곧 일체 천주의 공양올림이 되며, 곧 일체 야차의 수호함이 되며, 곧 일체 나찰의 호위함이 되며, 곧 일체 용왕의 영접함이 되며, 곧 일체 긴나라왕의 노래하여 찬탄함이 됩니다.

곧 일체 모든 세간 주인들의 청찬하고 기뻐함이 되며, 곧 일체 모든 중생계가 모두 편안함을 얻게 합니다.

이른바 나쁜 갈래를 버리게 하는 까닭이며, 어려운 곳에서 벗어나게 하는 까닭이며, 일체 빈궁의 근본을 끊는 까닭이며, 일체 천신과 사람들이 쾌락하는 까닭이며, 선지식을 만나 친근하는 까닭입니다.

광대한 법을 듣고 받아 지니는 까닭이며, 보리심을 내는 까닭이며, 보리심을 청정하게 하는 까닭이며, 보살의 길을 비추는 까닭이며, 보살의 지혜에 들어가는 까닭이며, 보살의 지위에 머무르는 까닭입니다.

선남자여, 마땅히 알아야 합니다. 보살의 하는 바가 매우 어려우니, 나타나기도 어렵고 만나기도 어려우며 보살을 친견하는 것은 배나 더 어려움이 있습니다.

보살은 일체 중생의 믿고 의지함이

되니 낳고 기르고 성취하는 까닭이
며, 일체 중생을 건짐이 되니 모든 고
난에서 빼내는 까닭이며, 일체 중생
의 의지할 곳이 되니 세간을 수호하
는 까닭입니다.

일체 중생을 구호함이 되니 두렵고
무서움에서 벗어나게 하는 까닭이
며, 보살은 바람 바퀴와 같으니 모든
세간을 유지하여 나쁜 갈래에 떨어
지지 않게 하는 까닭이며, 대지와 같
으니 중생의 선근을 늘게 하는 까닭
입니다.

큰 바다와 같으니 복덕이 충만하여 다함이 없는 까닭이며, 깨끗한 해와 같으니 지혜의 광명이 널리 비치는 까닭이며, 수미산과 같으니 선근이 높이 나타나는 까닭이며, 밝은 달과 같으니 지혜의 광명이 출현하는 까닭입니다.

용맹한 장수와 같으니 마군을 꺾어 굴복시키는 까닭이며, 군주와 같으니 부처님 법의 성 중에서 자재함을 얻는 까닭이며, 맹렬한 불과 같으니 중생들의 '나'에 애착하는 마음을

태워 없애는 까닭이며, 큰 구름과 같
으니 한량없는 미묘한 법의 비를 내
리는 까닭입니다.

때맞춰 오는 비와 같으니 일체 믿
음의 뿌리와 싹을 더욱 자라게 하는
까닭이며, 뱃사공과 같으니 법바다
의 나루터를 보여 인도하는 까닭이
며, 다리와 같으니 그들이 생사바다
를 건너게 하는 까닭입니다.”

미가가 이와 같이 선재를 찬탄하
여 모든 보살들이 다 환희하게 하고
는 그 입에서 갖가지 광명을 놓아 삼

천대천세계를 널리 비추니 그 가운데 중생들이 이 광명을 만나고는, 모든 용들과 신 등과 내지 범천들이 모두 다 미가의 처소에 이르러 왔다.

미가 대사가 곧 방편으로 '륜'자 품의 장엄 법문을 열어 보여서 연설하고 분별하여 해석하니, 저 모든 중생들이 이 법을 듣고는 다 아뇩다라 삼먁삼보리에서 물러나지 않게 되었다.

미가가 이에 다시 본래의 자리에 올라앉아 선재에게 말하였다.

"선남자여, 나는 이미 묘한 음성 다라니를 얻어서, 삼천대천세계 가운데 모든 천신들의 언어와 모든 용과 야차와 건달바와 아수라와 가루라와 긴나라와 마후라가와 사람과 사람 아닌 이들과 그리고 모든 범천들의 있는 바 언어를 능히 분별하여 압니다.

이 삼천대천세계와 같아서 시방의 수없고, 내지 말할 수 없이 말할 수 없는 세계들도 모두 또한 이와 같습니다.

선남자여, 나는 오직 이 보살의 묘한 음성 다라니 광명 법문만 알 뿐입니다. 저 모든 보살마하살들은 일체 중생의 갖가지 생각바다와 갖가지 시설바다와 갖가지 이름바다와 갖가지 언어바다에 능히 널리 들어갑니다.

일체 깊고 비밀함을 설하는 법구바다와, 일체 구경을 설하는 법구바다와, 하나의 반연하는 바 가운데 일체 삼세의 반연하는 바가 있음을 설하는 법구바다와, 상품을 설하는 법구바다와, 상상품을 설하는 법구바다와, 차별을 설하는 법구바다와, 일체 차별을 설하는 법구바다에 능히 널리 들어갑니다.

일체 세간의 주술바다와, 일체 음성의 장엄한 바퀴와, 일체 차별한 글자 바퀴의 경계에 능히 널리 들어가니, 이와 같은 공덕을 내가 지금 어떻게 능히 알고 능히 말하겠습니까?

선남자여, 여기서 남쪽으로 가면 한 마을이 있으니 이름이 '주림'이고, 그곳에 장자가 있으니 이름이 '해탈'입니다. 그대는 그에게 가서 '보살이 어떻게 보살행을 닦으며, 보살이 어떻게 보살행을 이루며, 보살이 어떻게 보살행을 모으며, 보살이 어떻게 보살행을 생각합니까?'라고 물으십시오."

그때에 선재 동자가 선지식으로 말미암아 일체 지혜의 법에 깊이 존중함을 내며, 깊이 깨끗한 믿음을 심으며, 깊이 스스로 더 이익하여 미가의 발에 예배하고 눈물을 흘리고 울며 한량없이 돌고 사모하며 그리워하고 우러러보면서, 하직하고 물러갔다.

이때에 선재 동자가 모든 보살들의 걸림 없는 지혜 다라니의 광명으로 장엄한 문을 사유하며, 모든 보살들의 언어바다의 문에 깊이 들어가며, 모든 보살들의 일체 중생을 아는 미세한 방편의 문을 기억하며, 모든 보살들의 청정한 마음의 문을 관찰하였다.

모든 보살들의 선근 광명의 문을 성취하며, 모든 보살들의 중생을 교화하는 문을 깨끗이 다스리며, 모든 보살들의 중생을 거두어 주는 지혜의 문을 밝고 예리하게 하며, 모든 보살들의 광대한 뜻에 즐겨하는 문을 견고히 하였다.

모든 보살들의 수승한 뜻에 즐겨하는 문에 머물러 지니며, 모든 보살들의 갖가지로 믿고 이해하는 문을 깨끗이 다스리며, 모든 보살들의 한량 없는 착한 마음의 문을 사유하며, 서원이 견고하여 마음이 피로해하거나 싫어하지 아니하였다.

모든 갑옷과 투구로 스스로 장엄하며, 정진하는 깊은 마음은 물러나지 아니하며, 깨뜨릴 수 없는 믿음을 갖추어 그 마음의 견고함이 마치 금강과 나라연과 같아서 능히 파괴할 자가 없으며, 일체 선지식의 가르침을 지켜서 모든 경계에서 깨뜨릴 수 없는 지혜를 얻었다.

넓은 문이 청정하여 행하는 바가 걸림 없으며, 지혜의 광명이 원만하여 일체를 널리 비추며, 모든 지위의 총지 광명을 구족하여 법계의 갖가지 차별을 밝게 알며, 의지함도 없고 머무름도 없어서 평등하여 둘이 없었다.

자성이 청정하여 널리 장엄하며, 모든 행하는 바에 다 끝까지 이르며, 지혜가 청정하여 모든 집착을 여의며, 시방의 차별한 법을 알아서 지혜가 장애가 없었다.

시방의 차별한 곳에 가되 몸이 피로해하거나 게으르지 않으며, 시방의 차별한 업을 다 분명히 알며, 시방의 차별한 부처님을 환하게 보지 않음이 없으며, 시방의 차별한 시간에 모두 깊이 들어갔다.

청정하고 미묘한 법이 그 마음에 충만하며, 넓은 지혜의 삼매가 그 마음을 밝게 비추며, 마음이 항상 평등한 경계에 널리 들어갔다.

여래의 지혜가 비추어 닿는 바이며, 일체지의 흐름이 계속하여 끊어지지 않으며, 몸과 마음이 부처님 법을 여의지 아니하였다.

일체 모든 부처님의 위신력으로 가피하는 바이며, 일체 여래의 광명으로 비추는 바이며, 큰 서원을 성취하여 서원의 몸이 일체 세계 그물에 두루 가득하며, 일체 법계가 그 몸에 널리 들어갔다.

점차 유행한 지 십이 년에 주림성에 이르러 해탈 장자를 두루 찾았다. 이미 친견하고 나서 오체를 땅에 던져 절하고 일어서서 합장하고 말하였다.

"성자시여, 제가 이제 선지식과 함께 모였으니, 이는 제가 광대하고 좋은 이익을 얻은 것입니다.

왜냐하면 선지식은 보기 어려우며, 듣기 어려우며, 출현하기 어려우며, 받들어 섬기기 어려우며, 친근하기 어려우며, 받들어 모시기 어려우며, 만나기 어려우며, 함께 살기 어려우며, 기쁘게 하기 어려우며, 따르기 어려운데, 제가 이제 만났으니 좋은 이익을 얻게 된 것입니다.

성자시여, 저는 이미 먼저 아뇩다

라삼먁삼보리심을 내었습니다.

일체 부처님을 섬기려는 까닭이며,
일체 부처님을 만나려는 까닭이며,
일체 부처님을 친견하려는 까닭이
며, 일체 부처님을 관하려는 까닭이
며, 일체 부처님을 알려는 까닭입니
다.

일체 부처님의 평등을 증득하려는
까닭이며, 일체 부처님의 큰 서원을
내려는 까닭이며, 일체 부처님의 큰
서원을 원만히 하려는 까닭이며, 일
체 부처님의 지혜 광명을 갖추려는

까닭이며, 일체 부처님의 온갖 행을 이루려는 까닭입니다.

일체 부처님의 신통을 얻으려는 까닭이며, 일체 부처님의 모든 힘을 갖추려는 까닭이며, 일체 부처님의 두려움 없음을 얻으려는 까닭이며, 일체 부처님의 법을 들으려는 까닭이며, 일체 부처님의 법을 받으려는 까닭입니다.

일체 부처님의 법을 지니려는 까닭이며, 일체 부처님의 법을 이해하려는 까닭이며, 일체 부처님의 법을 보

호하려는 까닭이며, 일체 모든 보살
대중과 몸을 같게 하려는 까닭이며,
일체 보살의 선근과 평등하여 다름
이 없게 하려는 까닭입니다.

일체 보살의 바라밀을 원만히 하려
는 까닭이며, 일체 보살의 수행하는
바를 성취하려는 까닭이며, 일체 보
살의 청정한 서원을 내려는 까닭이
며, 일체 모든 부처님과 보살들의 위
신력의 창고를 얻으려는 까닭이며,
일체 보살의 법장의 다함없는 지혜
와 큰 광명을 얻으려는 까닭입니다.

일체 보살의 삼매인 광대한 창고를 열으려는 까닭이며, 일체 보살의 한량없고 수없는 신통의 창고를 성취하려는 까닭이며, 대비의 창고로 일체 중생을 교화하고 조복하여 다 구경에 끝 경계에 이르게 하려는 까닭이며, 신통 변화의 창고를 나타내려는 까닭이며, 일체 자재한 창고에서 모두 자기 마음으로 자재함을 얻으려는 까닭이며, 청정한 창고에 들어가서 일체 모습으로 장엄하려는 까닭입니다.

성자시여, 저는 이제 이와 같은 마음과, 이와 같은 뜻과, 이와 같은 즐거움과, 이와 같은 하고자 함과, 이와 같은 희구와, 이와 같은 사유와, 이와 같은 존중과, 이와 같은 방편과, 이와 같은 구경과, 이와 같은 겸양으로 성자의 처소에 이르렀습니다.

제가 들으니 성자께서 모든 보살 대중들을 잘 능히 가르치시어, 능히 방편으로써 얻은 바를 열어 밝히며, 그 길과 그 나루터를 보여 주고, 그 법문을 주어 미혹한 장애를 제거하게 하며, 망설임의 화살을 뽑고, 의혹의 그물을 찢고, 마음의 빽빽한 숲을 비추고, 마음의 때를 씻어서 마음이 결백하게 하며, 마음이 청량하게 하고, 마음의 아첨하고 굽은 것을 바로 하고, 마음의 생사를 끊고, 마음의 착하지 못함을 멈추며, 마음의 집착을 풀고, 집착한 곳에서 마음이 해탈케 하신다고 하였습니다.

물들고 애착하는 곳에서 마음을 돌리게 하며, 그들이 일체 지혜의 경계에 빨리 들어가게 하고, 그들이 위 없는 법의 성에 빨리 이르게 하며, 대비에 머무르게 하고, 대자에 머무르게 하며, 보살의 행에 들어가게 하고, 삼매의 문을 닦게 하며, 증득의 지위에 들게 하고, 법의 성품을 보게 하며, 힘을 증장케 하고, 행을 닦아 익히어 널리 일체에 그 마음이 평등하게 하신다고 하였습니다.

오직 원하오니, 성자시여, 저를 위하여 보살이 어떻게 보살의 행을 배우며, 보살의 도를 닦으며, 닦아 익

힌 바를 따라서 빨리 청정하여지며, 빨리 분명히 알게 되는지를 말씀하여 주십시오."

그때에 해탈 장자가 과거 선근의 힘과 부처님의 위신력과 문수사리 동자의 생각하는 힘으로 보살의 삼매의 문에 들어갔으니, 이름이 '일체 부처님 세계를 널리 거두어 가없이 도는 다라니'이다.

이 삼매에 들어가서는 청정한 몸을 얻어, 그 몸에서 시방으로 각각 열 부처님 세계 미진수의 부처님과 부처님 국토와 대중모임 도량과 갖가지 광명으로 모든 장엄한 일을 나타내었다.

또 그 부처님께서 지난 옛적에 행하시던 신통 변화와 일체 큰 서원과 도를 돕는 법과 모든 벗어나는 행과 청정한 장엄을 나타내었다. 또 모든 부처님께서 평등하고 바른 깨달음을 이루고 미묘한 법륜을 굴리어 중생을 교화하심을 보였다.

이와 같은 일체를 그 몸 가운데 모

두 다 나타냄에 장애되는 바가 없었다. 갖가지 형상과 갖가지 차례로 본래와 같이 머무르면서도 서로 섞이거나 혼란하지 아니하였다.

이른바 갖가지 국토와 갖가지 대중 모임과 갖가지 도량과 갖가지 장엄이니, 그 가운데 모든 부처님께서 갖가지 위신력을 나타내시고 갖가지 수레의 도를 세우시고 갖가지 서원의 문을 보이셨다.

혹은 한 세계에서 도솔천궁에 계시어 불사를 지으시고, 혹은 한 세계에서는 도솔천궁에서 내려와 불사를 지으셨다. 이와 같이 혹은 태중에 머물러 있으며, 혹은 다시 탄생하며, 혹은 궁중에 머무르며, 혹은 다시 출가하며, 혹은 도량에 나아가며, 혹은 마군을 깨뜨리셨다.

혹은 모든 천신과 용들이 공경히 둘러 모시며, 혹은 모든 세상 주인들이 설법하시기를 권청하였다. 혹은 법륜을 굴리며, 혹은 열반에 드시었다. 혹은 사리를 나누며, 혹은 탑묘를 세웠다.

그 모든 여래께서 갖가지 대중모임과 갖가지 세간과 갖가지 갈래에 태어남과 갖가지 가족과 갖가지 욕락과 갖가지 업의 행과 갖가지 말과 갖가지 근성과 갖가지 번뇌와 수면 습기를 가진 모든 중생들 가운데서, 혹은 미세한 도량에 계시며 혹은 광대한 도량에 계시며 혹은 일 유순 정도의 도량에 계시며 혹은 십 유순 정도의 도량에 계시며 혹은 말할 수 없이 말할 수 없는 부처님 세계 미진수 유순 정도의 도량에 계시었다.

갖가지 신통과 갖가지 말과 갖가지 음성과 갖가지 법문과 갖가지 총지문과 갖가지 변재의 문으로써, 갖가지 성스러운 진리바다와 갖가지 두려움 없는 큰 사자후로써, 모든 중생들의 갖가지 선근과 갖가지 생각을 설하시며 갖가지 보살 수기를 주시며 갖가지 모든 부처님의 법을 설하시었다.

그 모든 여래께서 지니신 말씀을 선재 동자가 모두 능히 들었으며, 또한 모든 부처님과 모든 보살들의 불가사의한 삼매와 신통 변화를 보았다.

이때에 해탈 장자가 삼매에서 일어나 선재 동자에게 말하였다.

"선남자여, 나는 이미 여래의 걸림 없는 장엄 해탈문에 들어갔다 나왔습니다.

선남자여, 내가 이 해탈문에 들어갔다 나올 때에 곧 동방의 염부단금 광명 세계의 용자재왕 여래 응정등각께서 도량의 대중모임에 둘러싸이셨는데 비로자나장 보살이 상수가 됨을 보았습니다.

또 남방의 속질력 세계의 보향 여래 응정등각께서 도량의 대중모임에 둘러싸이셨는데 심왕 보살이 상수가 됨을 보았습니다.

또 서방의 향광 세계의 수미등왕 여래 응정등각께서 도량의 대중모임에 둘러싸이셨는데 무애심 보살이 상수가 됨을 보았으며, 또 북방의 가사당 세계의 불가괴금강 여래 응정등각께서 도량의 대중모임에 둘러싸이셨는데 금강보용맹 보살이 상수가 됨을 보았습니다.

또 동북방의 일체상묘보 세계의 무소득경계안 여래 응정등각께서 도량의 대중모임에 둘러싸이셨는데 무소득선변화 보살이 상수가 됨을 보았으며, 또 동남방의 향염광음 세계의 향등 여래 응정등각께서 도량의 대중모임에 둘러싸이셨는데 금강염해 보살이 상수가 됨을 보았습니다.

또 서남방의 지혜일보광명 세계의 법계륜당 여래 응정등각께서 도량의 대중모임에 둘러싸이셨는데 현일체 변화당 보살이 상수가 됨을 보았으며, 또 서북방 보청정 세계의 일체불보고승당 여래 응정등각께서 도량의 대중모임에 둘러싸이셨는데 법당왕 보살이 상수가 됨을 보았습니다.

또 상방의 불차제출현무진 세계의 무변지혜광원만당 여래 응정등각께서 도량의 대중모임에 둘러싸이셨는데 법계문당왕 보살이 상수가 됨을 보았으며, 또 하방의 불광명 세계의 무애지당 여래 응정등각께서 도량의 대중모임에 둘러싸이셨는데 일체세

간찰당왕 보살이 상수가 됨을 보았
습니다.

선남자여, 내가 이와 같은 등 시방
으로 각각 열 부처님 세계 미진수의
여래를 친견하지만, 저 모든 여래께
서 여기에 오시지도 아니하였고 내가
그곳에 가지도 아니하였습니다.

내가 만약 안락 세계의 아미타 여
래를 뵙고자 하면 뜻대로 곧 보며,
내가 만약 전단 세계의 금강광명 여
래와 묘향 세계의 보광명 여래와 연
화 세계의 보련화광명 여래와 묘금

세계의 적정광 여래와 묘희 세계의
부동 여래와 선주 세계의 사자 여래
와 정광명 세계의 월각 여래와 보사
자장엄 세계의 비로자나 여래를 뵙
고자 하면, 이와 같은 일체를 모두
다 곧 봅니다.

그러나 그 여래께서 이곳에 오시지
도 아니하고 내 몸이 또한 그곳에 가
지도 아니합니다.

일체 부처님과 나의 마음이 모두
다 꿈과 같음을 알며, 일체 부처님은
마치 그림자와 같고 자신의 마음은

물과 같음을 알며, 일체 부처님께서 지니신 색상과 자신의 마음이 모두 다 환과 같음을 알며, 일체 부처님과 자신의 마음이 모두 다 메아리 같음을 압니다.

내가 이와 같이 알고 이와 같이 생각하여 친견하는 바 모든 부처님이 다 자기 마음으로 말미암은 것입니다.

선남자여, 마땅히 알아야 합니다. 보살이 모든 부처님의 법을 닦아서 모든 부처님의 세계를 청정히 하며,

미묘한 행을 쌓아 모아서 중생을 조복하며, 큰 서원을 내어 일체지에 들어가서 자재하게 불가사의한 해탈의 문에 유희하며, 부처님의 보리를 얻어서 큰 신통을 나타내며, 일체 시방 법계에 두루 가며, 미세한 지혜로 모든 겁에 널리 들어갑니다. 이와 같은 일체가 모두 자기 마음을 말미암은 것입니다.

그러므로 선남자여, 마땅히 착한 법으로써 자기 마음을 붙들어야 하며, 마땅히 법의 물로써 자기 마음을 윤택하게 해야 하며, 마땅히 경계에서 자기 마음을 깨끗이 다스려야 하며, 마땅히 정진으로써 자기 마음을 견고하게 해야 하며, 마땅히 인욕으로써 자기 마음을 평탄하게 해야 합니다.

마땅히 지혜를 증득함으로써 자기 마음을 결백하게 해야 하며, 마땅히 지혜로써 자기 마음을 밝고 예리하게 해야 하며, 마땅히 부처님의 자재함으로써 자기 마음을 개발해야 하며, 마땅히 부처님의 평등으로써 자

기 마음을 광대하게 해야 하며, 마
땅히 부처님의 십력으로써 자기 마
음을 비추어 살펴야 합니다.

　선남자여, 나는 오직 이 여래의 걸
림 없는 장엄 해탈문에 들어가고 나
옴을 얻었습니다.

　모든 보살마하살들은 걸림 없는 지
혜를 얻으며, 걸림 없는 행에 머무르
며, 일체 부처님을 항상 친견하는 삼
매를 얻으며, 열반의 경계에 머무르
지 않는 삼매를 얻습니다.

삼매의 넓은 문 경계를 밝게 통달하며, 삼세의 법에 모두 다 평등하며, 능히 잘 몸을 나누어 일체 세계에 두루하며, 모든 부처님의 평등한 경계에 머물러 시방의 경계가 모두 다 앞에 나타나며, 지혜로 관찰하여 분명히 알지 못함이 없습니다.

그 몸 가운데 일체 세계가 이루어지고 무너짐을 모두 나타내어도, 자기의 몸과 모든 세계가 둘이라는 생각을 내지 않습니다.

이와 같이 미묘한 행을 내가 어떻

게 능히 알며 능히 말하겠습니까?

선남자여, 여기서 남쪽으로 가서 염부제의 경계에 이르면 한 나라가 있으니 이름이 '마리가라'이고, 그곳에 비구가 있으니 이름은 '해당'입니다.

그대는 그에게 가서 '보살이 어떻게 보살의 행을 배우며 보살의 도를 닦습니까?'라고 물으십시오."

이때에 선재 동자가 해탈 장자의

발에 정례하고 오른쪽으로 돌며 관찰하고 칭찬하고 찬탄하며, 사유하고 우러러 사모하며 슬피 울어 눈물을 흘리면서, 일심으로 생각하였다.

'선지식을 의지하며, 선지식을 섬기며, 선지식을 공경하며, 선지식을 말미암아 일체지를 보며, 선지식을 거스르거나 어기지 않으며, 선지식에게 아첨하거나 속이는 마음이 없으며, 선지식에게 마음이 항상 수순하였다. 선지식에게 자애로운 어머니라는 생각을 일으켜 일체 무익한 법을 버려 여의는 까닭이며, 선지식에게 자애로운 아버지라는 생각을 일으켜 일체 모든 선한 법을 내는 까닭이다.'라고 하면서, 하직하고 물러갔다.

그때에 선재 동자가 일심으로 그 장자의 가르침을 바르게 생각하며, 그 장자의 가르침을 관찰하며, 그 부사의한 보살의 해탈문을 생각하며, 그 부사의한 보살의 지혜 광명을 사유하며, 그 부사의한 법계문에 깊이 들어갔다.

그 부사의한 보살의 널리 들어가는 문을 향해 나아가며, 그 부사의한 여래의 신통 변화를 밝게 보며, 그 부사의한 부처님 세계에 널리 들어감을 밝게 이해하며, 그 부사의한 부처님의 힘으로 장엄함을 분별하였다.

그 부사의한 보살의 삼매와 해탈 경계의 나누어진 지위를 생각하며, 그 부사의한 차별세계가 구경에 걸림 없음을 요달하며, 그 부사의한 보살의 견고하고 깊은 마음을 닦아 행하며, 그 부사의한 보살의 큰 서원과 깨끗한 업을 일으켰다.

점점 남쪽으로 가서 염부제 경계의 마리 마을에 이르러 해당 비구를 두루 찾았다. 이에 그가 경행하는 장소 곁에서 결가부좌하고 삼매에 들어서, 들숨 날숨을 여의고 별생각이 없어서 몸이 편안하여 움직이지 않음을 보았다.

그 발바닥에서 수없는 백천억 장자와 거사와 바라문들이 나왔다. 다 갖가지 모든 장엄거리로 그 몸을 장엄하고 모두 보배 관을 쓰고 정수리에 밝은 구슬을 매었다.

널리 시방의 일체 세계로 가서 일체 보배와, 일체 영락과, 일체 의복과, 법답고 가장 맛있는 일체 음식과, 일체 꽃과, 일체 화만과, 일체 향과, 일체 바르는 향과, 일체 즐겨 쓰는 살림살이 도구들을 비내렸다.

일체 처에서 일체 빈궁한 중생을

구제하여 거두어 주고, 일체 고뇌 중생을 편안히 위로하여 다 환희하고 마음이 청정하여 위없는 보리의 도를 성취하게 하였다.

그 두 무릎에서 수없는 백천억 찰제리와 바라문들이 나왔다. 모두 다 총명하고 지혜로우며, 갖가지 색상과 갖가지 형모와 갖가지 의복으로 가장 미묘하게 장엄하였다.

시방의 일체 세계에 널리 두루하여 사랑스러운 말과, 함께 일함으로 모든 중생들을 거두었다. 이른바 가난

한 자는 풍족하게 하고, 병든 자는
낫게 하고, 위태한 자는 편안하게 하
고, 두려워하는 자는 멈추게 하고,
근심과 괴로움이 있는 자는 다 쾌락
하게 하였다. 다시 방편으로 권하고
인도하여 다 악함을 버리고 선한 법
에 편안히 머무르게 하였다.

그 허리 사이에서 중생 수효와 같
은 한량없는 선인들이 나왔다. 혹은
풀 옷을 입고, 혹은 나무껍질 옷을
입고, 모두 물병을 들고, 위의가 고
요하며, 시방세계를 두루 돌아 가고

오며 허공에서 부처님의 미묘한 음성
으로 여래를 칭찬하고 모든 법을 연
설하였다.

혹은 청정한 법행의 도를 설하여
그들로 하여금 닦아 익혀 모든 근을
조복하게 하며, 혹은 모든 법이 다
자성이 없음을 설하여 그들로 하여
금 자세히 살펴서 지혜를 내게 하며,
혹은 세간의 언론과 법칙을 설하며,
혹은 다시 일체지의 지혜와 뛰어넘
는 중요한 방편을 열어 보여 차례를
따라 각각 그 업을 닦게 하였다.

그 두 옆구리에서 부사의한 용과 부사의한 용녀를 내어 부사의한 모든 용들의 신통 변화를 나타내 보였다.

이른바 부사의한 향 구름과, 부사의한 꽃 구름과, 부사의한 화만 구름과, 부사의한 보배 일산 구름과, 부사의한 보배 번기 구름과, 부사의한 미묘한 보배 장엄거리 구름과, 부사의한 큰 마니보배 구름과, 부사의한 보배 영락 구름과, 부사의한 보배 자리 구름과, 부사의한 보배 궁전

구름과, 부사의한 보배 연꽃 구름과, 부사의한 보배 관 구름과, 부사의한 하늘 몸 구름과, 부사의한 채녀 구름을 비내리어, 모두 허공에 두루하여 장엄하고 일체 시방세계의 모든 부처님 도량에 가득하게 하여 공양올려서 모든 중생들이 다 환희하게 하였다.

가슴 앞의 '만(卍)'자에서 수없는 백천억 아수라왕들이 나왔다. 모두 다 불가사의하고 자재한 환의 힘을 나타내 보여서 백 세계가 다 크게 진동하게 하였다. 일체 바닷물은 저절로 끓어오르고, 일체 산왕이 서로 부딪치고, 모든 하늘의 궁전들이 흔들리지 않음이 없고, 모든 마의 광명은 가려지지 않음이 없고, 모든 마군의 무리들이 꺾여 굴복하지 않음이 없었다.

널리 중생들이 교만한 마음을 버리고, 성내어 해치는 마음을 없애고, 번뇌의 산을 부수고, 온갖 나쁜 법을 쉬고, 길이 투쟁은 없어지고, 영원히 함께 화평하고 선하게 하였다.

다시 환의 힘으로 중생들을 깨우쳐서 죄악을 멸하게 하고, 생사를 두려워하게 하고, 모든 갈래에서 벗어나게 하고, 물들어 집착함을 여의게 하고, 위없는 보리의 마음에 머무르게 하고, 일체 모든 보살의 행을 닦게 하였다.

일체 모든 바라밀에 머무르게 하고, 일체 모든 보살의 지위에 들게 하고, 일체 미묘한 법문을 관하게 하고, 일체 모든 부처님의 방편을 알게 하여, 이와 같이 짓는 바가 법계에 두루하였다.

그 등에서 응당 이승으로 제도할 자를 위하여 수없는 백천억 성문과 독각들을 내었다.

'나'에 집착하는 자를 위하여 '나'가 없다고 설하며, '항상하다'고 집착하는 자를 위하여 일체 행이 모두 다 무상함을 설하며, 탐욕을 행하는 자를 위하여 부정관을 설하며, 성냄을 행하는 자를 위하여 자심관을 설하며, 어리석음을 행하는 자를 위하여 연기관을 설하며, 동등하게 나누어 행하는 자를 위하여 지혜와 서로 응하는 경계의 법을 설하였다.

경계를 좋아하여 애착하는 자를 위하여 있는 바 법이 없음을 설하며, 고요한 처소를 좋아하여 집착하는 자를 위하여 큰 서원을 내어 일체 중생을 널리 요익하게 하는 법을 설하니, 이와 같이 짓는 바가 법계에 두루하였다.

그 두 어깨에서 수없는 백천억 모든 야차와 나찰왕들이 나왔다. 갖가지 형모와 갖가지 색상이 혹은 길고 혹은 짧아서 모두 두려운데, 한량없는 권속들이 스스로 둘러싸서 일체 행이 착한 중생과 아울러 모든 성현의 보살 대중모임과 혹 바른 머무름으로 향하는 자와 바르게 머무르는 자를 수호하였다.

혹 때로는 집금강신을 지어 나타내어 모든 부처님과 부처님께서 머무르시는 처소를 수호하고, 혹은 일체 세간을 두루 수호하되 두려움이 있는 자는 편안함을 얻게 하고, 질병이 있는 자는 쾌차함을 얻게 하고, 고뇌

가 있는 자는 벗어나 여읨을 얻게 하
고, 과오가 있는 자는 그들이 싫어하
여 뉘우치게 하고, 재난과 횡액이 있
는 자는 그들이 그쳐 없어지게 하였
다.

이와 같이 일체 중생을 이익하게
하여 모두 다 그들이 생사의 윤회를
버리고 바른 법륜을 굴리게 하였다.

그 배에서 수없는 백천억 긴나라왕
들이 나오는데 각각 무수한 긴나라
여인들이 있어 앞뒤로 둘러싸고, 또
수없는 백천억 건달바왕들이 나오는

데 각각 무수한 건달바 여인들이 있어 앞뒤로 들러싸고 있었다.

각각 수없는 백천 하늘 음악을 연주하니 모든 법의 진실한 성품을 노래로 읊어 찬탄하고, 일체 모든 부처님을 노래로 읊어 찬탄하고, 보리심 내는 것을 노래로 읊어 찬탄하고, 보살행 닦는 것을 노래로 읊어 찬탄하였다.

일체 모든 부처님의 바른 깨달음 이루시는 문을 노래로 읊어 찬탄하고, 일체 모든 부처님의 법륜 굴리시는 문을 노래로 읊어 찬탄하고, 일체 모든 부처님의 신통 변화 나투시는 문을 노래로 읊어 찬탄하였다.

일체 모든 부처님의 열반에 드시는 문을 열어 보여 연설하고, 일체 모든 부처님의 가르침을 수호하는 문을 열어 보여 연설하고, 일체 중생을 다 환희하게 하는 문을 열어 보여 연설하고, 일체 모든 부처님의 세계를 깨끗이 장엄하는 문을 열어 보여 연설하였다.

일체 미묘한 법을 나타내 보이는

문을 열어 보여 연설하고, 일체 모든 장애를 버려 여의는 문을 열어 보여 연설하고, 일체 모든 선근을 내는 문을 열어 보여 연설하였다. 이와 같이 시방 법계에 두루하였다.

그 입에서 수없는 백천억 전륜성왕들이 나왔다. 칠보가 구족하고 네 가지 군대에 둘러싸여 크게 버리는 광명을 놓아 한량없는 보배를 비내려 모든 가난한 자들이 다 충족하게 하여 그들로 하여금 주지 않은 것을 취하는 행을 길이 끊게 하며, 수없는 백천의 단정한 채녀들에게 모두 보시 하되 마음에 집착하는 바가 없어 그 들로 하여금 영원히 삿된 음행을 끊 게 하였다.

자애로운 마음을 내어 생명을 끊지 않게 하며, 그들이 구경에 항상 진실 한 말을 하여 헛되이 속여 이익이 없 는 담설을 하지 않게 하며, 다른 이 를 거두어 주는 말을 하여 이간질하 지 않게 하였다.

부드러운 말을 하여 거칠고 악함 이 없게 하며, 항상 매우 깊고 결정하여 명료한 뜻을 연설하여 뜻 없이 아름답게 꾸미는 말을 하지 않게 하며, 소욕을 설하여 탐애를 없애고 마음에 때가 없게 하며, 대비를 설하여 분노를 없애어 뜻이 청정하게 하였다.

진실한 이치를 설하여 그들로 하여금 일체 모든 법을 관찰하되 인연에 깊이 들어가 진리의 이치를 잘 밝혀서 삿된 소견의 가시를 뽑고, 의혹의 산을 깨뜨려 일체 장애를 모두 다 멸하여 없애게 하였다. 이와 같이 짓는 바가 법계에 가득하였다.

그 두 눈에서 수없는 백천억 해가
나왔다. 일체 모든 큰 지옥과 모든
나쁜 갈래를 널리 비추어 다 괴로움
을 여의게 하며, 또 일체 세계의 중
간을 비추어 암흑을 없애게 하며, 또
일체 시방의 중생들을 비추어 다 어
리석음으로 가려진 장애를 버려 여
의게 하였다.

더러운 국토에는 청정한 광명을 놓
으며, 백은 국토에는 황금빛 광명을
놓고, 황금 국토에는 백은빛 광명을

놓으며, 유리 국토에는 파려빛 광명을 놓고, 파려 국토에는 유리빛 광명을 놓으며, 자거 국토에는 마노빛 광명을 놓고, 마노 국토에는 자거빛 광명을 놓았다.

제청 국토에는 일장마니왕빛 광명을 놓고, 일장마니왕 국토에는 제청빛 광명을 놓으며, 적진주 국토에는 월광망장마니왕빛 광명을 놓고, 월광망장마니왕 국토에는 적진주빛 광명을 놓았다.

한 보배로 이루어진 국토에는 갖가

지 보배빛 광명을 놓고, 갖가지 보배로 이루어진 국토에는 한 보배빛 광명을 놓아서, 모든 중생들 마음의 빽빽한 숲을 비추어 모든 중생들의 한량없는 사업을 갖추게 하며, 일체 세간의 경계를 장엄하여 모든 중생들로 하여금 마음에 청량함을 얻어 큰 환희를 내게 하였다. 이와 같이 짓는 바가 법계에 가득하였다.

그 미간의 백호상에서 수없는 백천억 제석들이 나왔다. 다 경계에 자재함을 얻어서 마니보배 구슬을 그 정수리에 매었고 광명이 일체 모든 하늘 궁전을 비추며 일체 수미산왕을 진동하였다.

일체 모든 하늘 대중을 깨우치며, 복덕의 힘을 찬탄하며, 지혜의 힘을 설하며, 그 좋아하는 힘을 내며, 그 뜻의 힘을 지니며, 그 생각하는 힘을 깨끗이 하며, 그 보리심을 내는 힘을 견고하게 하였다.

부처님 친견하기 좋아함을 찬탄하여 세상의 탐욕을 없애게 하며, 법문 듣기 좋아함을 찬탄하여 세상의 경계를 싫어하게 하며, 관찰하는 지혜 좋아함을 찬탄하여 세상의 물듦을 끊게 하며, 아수라의 전쟁을 그치고 번뇌의 다툼을 끊었다.

죽기 두려워하는 마음을 없애고 마군 항복 받을 원을 내며, 바른 법의 수미산왕을 일으켜 세우고 중생의 일체 사업을 마련하였다. 이와 같이 짓는 바가 법계에 두루하였다.

그 이마에서 수없는 백천억 범천들이 나왔다. 색상이 단정하여 세간에 견줄 데 없으며, 위의가 고요하고 음성이 아름답고 묘하여 부처님께 설법하시기를 권하였다. 부처님의 공덕을 찬탄하여 모든 보살들을 모두 다 환희하게 하며, 중생들의 한량없는 사업을 능히 마련하여 일체 시방세계에 널리 두루하였다.

그 머리에서 한량없는 부처님 세계 미진수의 모든 보살 대중들이 나왔다. 모두 상호로 그 몸을 장엄하고 가없는 광명을 놓아 갖가지 행을 설하였다.

이른바 보시를 찬탄하여 간탐을 버

리고 온갖 묘한 보배들을 얻어 세계를 장엄하게 하였다. 계를 지니는 공덕을 칭찬하여 모든 중생들이 모든 악을 영원히 끊고 보살 대자비의 계에 머무르게 하였다. 일체 존재가 모두 다 꿈과 같다고 설하며 모든 욕락이 재미가 없다고 설하여 모든 중생들이 번뇌의 속박을 여의게 하였다.

인욕의 힘을 설하여 모든 법에 마음이 자재함을 얻게 하였다. 금빛 몸을 칭찬하여 모든 중생들이 성냄의 때를 여의고 상대하여 다스리는 행을 일으켜 축생의 길을 끊게 하였다. 정진하는 행을 찬탄하여 그들이 세간에서 방일을 멀리 여의고 모두 다 한량없는 미묘한 법을 부지런히 닦게 하였다.

또 선바라밀을 찬탄하여 그 일체로 하여금 마음이 자재함을 얻게 하였다. 또 반야바라밀을 연설하여 바른 견해를 열어 보여 모든 중생들이 자재한 지혜를 좋아하고 모든 견해의 독을 뽑게 하였다. 또 세간을 따라서 갖가지 짓는 바를 연설하여 모든 중생들이 비록 생사를 여의었으나 모든 갈래에서 자재하게 태어나게 하였다.

또 신통 변화를 나타내 보여 수명에 자재함을 설하여 모든 중생들이 큰 서원을 내게 하였다. 또 총지를 성취하는 힘과, 큰 서원을 출생하는 힘과, 삼매를 깨끗이 다스리는 힘과, 자재하게 태어나는 힘을 연설하였다. 또 갖가지 모든 지혜를 연설하니, 이른바 중생들의 모든 근을 널리 아는 지혜와, 일체 마음의 행을 널리 아는 지혜와, 여래의 십력을 널리 아는 지혜와, 모든 부처님의 자재함을 널리 아는 지혜이다. 이와 같이 짓는 바가 법계에 두루하였다.

그 정수리에서 수없는 백천억 여래의 몸이 나왔다. 그 몸은 같을 이가 없어 모든 거룩한 모습과 따라서 잘생긴 모습으로 청정하게 장엄하였으며, 위엄 있는 빛이 밝게 빛나서 진금산과 같으며, 한량없는 광명이 시방에 널리 비치고 미묘한 음성을 내어 법계에 가득하며, 한량없는 큰 신

통력을 나타내 보이며, 일체 세간을
위하여 법비를 널리 내렸다.

이른바 보리 도량에 앉은 모든 보
살들을 위하여 평등을 널리 아는 법
비를 내리며, 관정위의 모든 보살들
을 위하여 넓은 문에 들어가는 법비
를 내리며, 법왕자 지위의 모든 보살
들을 위하여 널리 장엄하는 법비를
내렸다.

동자 지위의 모든 보살들을 위하여
견고한 산의 법비를 내리며, 물러나
지 않는 지위의 모든 보살들을 위하

여 바다창고의 법비를 내리며, 바른 마음을 성취한 지위의 모든 보살들을 위하여 넓은 경계의 법비를 내렸다.

방편이 구족한 지위의 모든 보살들을 위하여 자성문의 법비를 내리며, 존귀한 지위의 모든 보살들을 위하여 세간을 수순하는 법비를 내리며, 수행하는 지위의 모든 보살들을 위하여 널리 가엾고 불쌍히 여기는 법비를 내렸다.

새로 배우는 모든 보살들을 위하여

쌓아 모으는 창고의 법비를 내리며, 처음 마음을 낸 모든 보살들을 위하여 중생을 거두어 주는 법비를 내리며, 믿고 이해하는 모든 보살들을 위하여 다함없는 경계가 널리 앞에 나타나는 법비를 내렸다.

색계의 모든 중생들을 위하여 넓은 문의 법비를 내리며, 모든 범천들을 위하여 넓은 창고의 법비를 내리며, 모든 자재천들을 위하여 힘을 내는 법비를 내리며, 모든 마의 무리들을 위하여 마음 당기의 법비를 내렸다.

모든 화락천들을 위하여 깨끗한 생각의 법비를 내리며, 모든 도솔천들을 위하여 뜻을 내는 법비를 내리며, 모든 야마천들을 위하여 환희하는 법비를 내리며, 모든 도리천들을 위하여 허공계를 빨리 장엄하는 법비를 내렸다.

모든 야차왕들을 위하여 환희의 법비를 내리며, 모든 건달바왕들을 위하여 금강 바퀴의 법비를 내리며, 모든 아수라왕들을 위하여 큰 경계의 법비를 내리며, 모든 가루라왕들을 위하여 가없는 광명의 법비를 내렸다.

모든 긴나라왕들을 위하여 일체 세간의 수승한 지혜의 법비를 내리며, 모든 사람의 왕들을 위하여 즐거움에 집착하지 않는 법비를 내리며, 모든 용왕들을 위하여 환희하는 당기의 법비를 내리며, 모든 마후라가왕들을 위하여 크게 쉬는 법비를 내렸다.

모든 지옥 중생들을 위하여 바른 생각으로 장엄하는 법비를 내리며,

모든 축생들을 위하여 지혜 창고 법비를 내리며, 염라왕 세계의 중생들을 위하여 두려움 없는 법비를 내리며, 모든 액난에 처한 중생들을 위하여 널리 편안하게 위로하는 법비를 내려 모두 성현의 대중모임에 들게 하였다. 이와 같이 짓는 바가 법계에 가득하였다.

해당 비구가 또 그 몸의 일체 모공에서 낱낱이 다 아승지 부처님 세계 미진수의 광명 그물을 내고, 낱낱 광

명 그물이 아승지 색상과 아승지 장
엄과 아승지 경계와 아승지 사업을
갖추어서 시방의 일체 법계에 가득
하였다.

그때에 선재 동자가 일심으로 해당
비구를 살펴보고 깊이 사모하여 그
삼매의 해탈을 기억하여 잊지 않고,
그 부사의한 보살의 삼매를 사유하
고, 그 부사의한 중생들을 이익하게
하는 방편바다를 사유하였다.
그 부사의하고 작용 없이 널리 장

엄하는 문을 사유하고, 그 법계를 장엄하는 청정한 지혜를 사유하고, 그 부처님 가지를 받는 지혜를 사유하고, 그 보살의 자재함을 내는 힘을 사유하고, 그 보살의 큰 서원을 견고히 하는 힘을 사유하고, 그 보살의 모든 행을 증장하는 힘을 사유하였다.

이와 같이 머물러 서서 사유하고 관찰하기를 하루 낮과 하룻밤을 지내고, 내지 일곱 낮과 일곱 밤과 보름과 한 달과 내지 여섯 달을 지내고, 다시 육일을 지냈다. 이렇게 지 낸 뒤에 해당 비구가 삼매에서 나왔 다.

선재 동자가 찬탄하여 말하였다.
"성자시여, 희유하고 기특합니다. 이러한 삼매는 가장 매우 깊으며, 이 러한 삼매는 가장 광대하며, 이러한 삼매는 경계가 한량없으며, 이러한 삼매는 위신력을 생각하기 어려우 며, 이러한 삼매는 광명이 같음이 없 습니다.

이러한 삼매는 장엄이 수없으며, 이러한 삼매는 위력을 제어하기 어려우며, 이러한 삼매는 경계가 평등하며, 이러한 삼매는 시방을 널리 비추며, 이러한 삼매는 이익이 한이 없어서 능히 일체 중생의 한량없는 괴로움을 멸하여 없애기 때문입니다.

이른바 일체 중생으로 하여금 가난한 고통을 여의게 하는 까닭이며, 지옥에서 벗어나게 하는 까닭이며, 축생을 면하게 하는 까닭이며, 모든 액난의 문을 닫는 까닭이며, 인간과 천상의 길을 여는 까닭입니다.

인간과 천상의 중생들을 기쁘고 즐겁게 하는 까닭이며, 그들로 하여 금 선정의 경계를 사랑하게 하는 까 닭이며, 능히 함이 있는 즐거움을 더 욱 늘게 하는 까닭이며, 능히 존재에 서 벗어나는 즐거움을 나타내 보이 는 까닭이며, 능히 보리심을 이끌어 내기 위한 까닭입니다.

능히 복과 지혜의 행을 더욱 늘게 하는 까닭이며, 능히 크게 가엾이 여 기는 마음을 더욱 늘게 하는 까닭이

며, 능히 큰 서원의 힘을 일으키게
하는 까닭이며, 능히 보살도를 분명
히 알게 하는 까닭이며, 능히 구경
의 지혜를 장엄하게 하는 까닭입니
다.

능히 대승의 경계에 들어가게 하
는 까닭이며, 능히 보현행을 비추어
알게 하는 까닭이며, 능히 모든 보살
들의 지위의 지혜 광명을 증득하게
하는 까닭이며, 능히 일체 보살의 모
든 원행을 성취하게 하는 까닭이며,
능히 일체지의 지혜 경계에 편안히

머무르게 하는 까닭입니다.

　성자시여, 이 삼매는 이름이 무엇입니까?"

　해당 비구가 말하였다.

　"선남자여, 이 삼매는 이름이 '넓은 눈으로 얽음을 버림'이며, 또 이름이 '반야바라밀 경계의 청정한 광명'이며, 또 이름이 '널리 장엄한 청정한 문'입니다.

　선남자여, 나는 반야바라밀을 닦아 익혔기 때문에 이 널리 장엄한 청정한 삼매 등 백만 아승지 삼매를 얻었습니다.”

선재 동자가 말하였다.

“성자시여, 이 삼매의 경계가 구경에 오직 이와 같습니까?”

해당이 말하였다.

“선남자여, 이 삼매에 든 때에는 일체 세계를 밝게 아는 데 장애가 없고, 일체 세계에 나아가는 데 장애가 없으며, 일체 세계를 초월하는 데 장애가 없으며, 일체 세계를 장엄하는 데 장애가 없습니다.

일체 세계를 닦아 다스리는 데 장애가 없으며, 일체 세계를 깨끗이 장엄하는 데 장애가 없으며, 일체 부처님을 친견하는 데 장애가 없으며, 일체 부처님의 광대한 위엄과 공덕을 관찰하는 데 장애가 없습니다.

일체 부처님의 자재한 위신력을 아는 데 장애가 없으며, 일체 부처님의 모든 광대한 힘을 증득하는 데 장애가 없으며, 일체 부처님의 모든 공덕 바다에 들어가는 데 장애가 없으며, 일체 부처님의 한량없는 미묘한 법을 받는 데 장애가 없습니다.

일체 부처님의 법 가운데 들어가서 미묘한 행을 닦는 데 장애가 없으며, 일체 부처님께서 법륜을 굴리시는 평등한 지혜를 증득하는 데 장애가 없으며, 일체 모든 부처님의 대중이 모인 도량바다에 들어가는 데 장애가 없습니다.

시방 부처님의 법을 관찰하는 데 장애가 없으며, 크게 가엾이 여김으로 시방의 중생들을 거두어 주는 데 장애가 없으며, 큰 자애를 항상 일으켜 시방에 충만하는 데 장애가 없으며, 시방의 부처님을 친견하되 만족하여 싫어하는 마음이 없는 데 장애가 없습니다.

일체 중생바다에 들어가는 데 장애가 없으며, 일체 중생의 근성바다를 아는 데 장애가 없으며, 일체 중생의 모든 근기와 차별한 지혜를 아는 데 장애가 없습니다.

선남자여, 나는 오직 이 한 가지 반야바라밀 삼매의 광명만 알 뿐입니다. 저 모든 보살들은 지혜바다에 들어가 법계의 경계를 깨끗이 하며, 일체 갈래를 통달하여 한량없는 세계에 두루하며, 총지가 자재하고 삼매가 청정하며, 신통이 광대하며, 변재가 다하지 않으며, 모든 지위를 잘 말하며, 중생의 의지가 됩니다.

그러나 내가 어떻게 그들의 묘한 행을 능히 알며, 그들의 공덕을 말하며, 그들의 행할 바를 알며, 그들의 경계를 밝히며, 그들의 원력을 궁구하며, 그들의 중요한 문에 들어가며,

그들의 증득한 것을 통달하며, 그들의 도의 부분을 말하며, 그들의 삼매에 머무르며, 그들의 마음의 경지를 보며, 그들의 지닌 바가 평등한 지혜를 얻겠습니까?

선남자여, 여기서 남쪽으로 가면 한 머무르는 곳이 있으니 이름이 '해조'이고, 거기에 동산 숲이 있으니 이름이 '보장엄'이며, 그 동산에 우바이가 있으니 이름이 '휴사'입니다.

그대는 그에게 가서 '보살이 어떻게 보살행을 배우며 보살의 도를 닦습니까?'라고 물으십시오."

그때에 선재 동자가 해당 비구의 처소에서 견고한 몸을 얻으며, 미묘한 법의 재물을 얻으며, 깊은 경계에 들어가며, 지혜가 밝게 사무치며, 삼매가 밝게 비치며, 청정한 이해에 머무르며, 매우 깊은 법을 보았으며, 그 마음은 모든 청정한 문에 편안히 머물렀다.

지혜의 광명이 시방에 가득하여 환희심을 내어 한량없이 뛰놀며, 오체투지하여 그 발에 정례하고 한량없이 돌고 공경하고 우러러보며, 사유하고 관찰하며, 탄식하고 연모하여 그 명호를 지니며, 그 동작을 생각하며, 그 음성을 기억하며, 그 삼매와 저 큰 서원과 행하는 바 경계를 생각하며, 그 지혜의 청정한 광명을 받고, 하직하고 물러갔다.

⟨대방광불화엄경 제63권⟩

아차보현수승행
무변승복개회향
보원침익제중생
속왕무량광불찰

시방삼세일체불
제존보살마하살
마하반야바라밀

我此普賢殊勝行
無邊勝福皆迴向
普願沈溺諸眾生
速往無量光佛剎

十方三世一切佛
諸尊菩薩摩訶薩
摩訶般若波羅蜜

大方廣佛華嚴經 — 부록

- 대방광불화엄경 목차

- 간행사

대방광불화엄경
목차

간 행 사

　귀의삼보 하옵고,

　『대방광불화엄경』의 수지 독송과 유통을 발원하면서 수미정사 불전연구원에서『독송본 한문·한글역 대방광불화엄경』과『사경본 한글역 대방광불화엄경』을 편찬하여 간행하게 되었습니다.

　『화엄경』은 우리나라에 전래된 이래 일찍부터 사경되고 주석·강설되어 왔으며 근현대에 이르러서는『화엄경』의 한글 번역과 연구도 부쩍 많이 이루어졌습니다. 그만큼『화엄경』이 우리 불자님들의 신행과 해탈에 큰 의지처가 되었던 것임을 알 수 있습니다.

　『화엄경』을 독송하고 사경하는 공덕은 설법 공덕과 함께 크게 강조되어 왔습니다. 그리하여 수미정사 불전연구원에서도『화엄경』(80권)을 독송하고 사경하는 데 도움이 되도록 한문 원문과 한글역을 함께 수록한 독송본과 한글역의 사경본『화엄경』간행불사를 발원하였습니다. 이『화엄경』간행불사에 뜻을 같이하여 적극 후원해주신 스님들과 재가 불자님들께 깊이 감사드립니다. 또한『화엄경』을 수지 독송할 수 있도록 경책의 모습으로 장엄해 주신 편집위원들과 담앤북스 출판사 관계자들께도 고마움을 표합니다.

　끝으로 이 불사의 원만 회향으로『화엄경』이 널리 유통되고, 온 법계에 부처님의 가피가 충만하시길 기원드립니다.

　나무 대방광불화엄경

불기 2564년 '부처님오신날'을 봉축하며
수미해주 합장

위태천신(동진보살)

수미해주 須彌海住

호거산 운문사에서 성관 스님을 은사로 출가, 석암 대화상을 계사로 사미니계 수계, 월하 전계사를 계사로 비구니계 수계, 계룡산 동학사 전문강원 졸업, 동국대학교 불교대학 및 동 대학원 졸업, 철학박사, 가산지관 대종사에게서 전강, 동국대학교 불교대학 교수, 동학승가대학 학장 및 화엄학림 학림장, 중앙승가대학교 법인이사 역임.
(현) 수미정사 주지, 동국대학교 명예교수.
저·역서로 『의상화엄사상사연구』, 『화엄의 세계』, 『정선 원효』, 『정선 화엄1』, 『정선 지눌』, 『법계도기총수록』, 『해주스님의 법성게 강설』 등 다수.

사경본 한글역
대방광불화엄경 제63권

| 초판 1쇄 발행_ 2026년 1월 10일

| 엮 은 이_ 수미해주
| 엮 은 곳_ 수미정사 불전연구원
| 편집위원_ 해주 수정 경진 선초 정천 석도 박보람 최원섭
| 편 집 보_ 무이 무진 지욱 혜명

| 펴 낸 이_ 오세룡
| 펴 낸 곳_ 담앤북스
　　　　　　서울특별시 종로구 새문안로3길 23 경희궁의 아침 4단지 805호
　　　　　　대표전화 02)765-1251　전자우편 dhamenbooks@naver.com
　　　　　　출판등록 제300-2011-115호
| ISBN_ 979-11-6201-581-0　04220

정가 10,000원
ⓒ 수미해주 2026